AF243395

EXAMEN

DES RÉSULTATS PRODUITS

PAR L'ÉMANCIPATION DES ESCLAVES

DANS LES COLONIES ANGLAISES.

EXAMEN

DES RÉSULTATS PRODUITS

PAR

L'ÉMANCIPATION DES NOIRS

DANS LES COLONIES ANGLAISES

PAR M. FAVARD,

Délégué de la Guiane française.

PARIS.

IMPRIMERIE D'AD. BLONDEAU, RUE RAMEAU, 7.

1842.

EXAMEN

DÉS

RÉSULTATS PRODUITS

PAR

L'ÉMANCIPATION DES ESCLAVES

DANS LES COLONIES ANGLAISES.

Après avoir été pendant près d'un demi siècle l'objet d'une indifférence que l'on a peine à s'expliquer, les questions maritimes et coloniales, sorties tout à coup de l'oubli dans lequel elles étaient tombées, sont venues frapper l'attention publique, remuer les plus vives sympathies de la population, et réveiller le sentiment de la nationalité que l'on aurait pu croire entièrement éteint en France.

Les événements de la Méditerrannée, en 1840, ont commencé à dissiper cet aveuglement, et nous ont prouvé la nécessité d'entretenir une marine puissante, si nous voulons que la voix de notre nation soit de quelque poids dans les conseils de l'Europe.

Les plaintes répétées de producteurs tant agricoles

que manufacturiers, sont parvenues à se faire entendre. On comprend aujourd'hui qu'un peuple de trente trois millions d'âmes, ne peut pas renfermer son commerce dans le seul mouvement de ses besoins intérieurs; que doué d'une force de production immense, il faut absolument qu'il s'ouvre des débouchés au dehors, et qu'il aille chercher des consommateurs. A toutes les époques, on le reconnaît enfin, les colonies ont été d'admirables succursales destinées à absorber l'excédant de cette production, en même temps qu'elles offraient aux caractères hardis et aventureux de la population, des voies ouvertes pour tenter la fortune et transporter la nationalité française jusqu'aux dernières limites du globe.

Enfin un examen plus approfondi des traités sur le droit de visite, a réveillé dans toute la population ce sentiment de la nationalité, que l'on était habilement parvenu à faire disparaître devant le sentimentalisme de la politique humanitaire et philantropique.

La France avait accepté avec bonne foi ces traités, dont le but avoué était de détruire entièrement un trafic qui répugne à nos mœurs et à notre civilisation; les affaires du *Marabout* et de la *Sénégambie*, sont venues lui ouvrir les yeux sur les tristes conséquences des concessions dans lesquelles elle s'était laissée entraîner. D'un autre côté, les exigences de l'Angleterre envers l'Union américaine, pour la soumettre à ces mêmes traités, lui en ont fait apprécier toute la portée et lui ont pleinement dévoilé le but que sa politique voulait atteindre, et qu'elle avait su masquer si habilement sous des apparences religieuses et philantropiques.

Ainsi tout ce qui peut tendre à jeter quelque lumière sur ces grandes questions, acquiert aujourd'hui un puissant intérêt d'actualité, et il est en quelque sorte du devoir des personnes que leur position place plus particulièrement en contact avec ces grands intérêts, d'apporter à la connaissance du public les documents qui sont de nature à l'éclairer et à fixer son opinion.

Loin de nous la pensée de chercher à jeter de l'irritation dans les esprits, en excitant les susceptibilités nationales à l'occasion des faits auxquels l'exécution des traités sur le droit de visite ont pu donner naissance. Entraînée par les principes les plus louables, mais peut être aveuglément, dans une voie dont elle reconnaît les périls, la France, trompée dans ses plus nobles sympathies, n'a pas besoin de recourir à la force des armes pour s'arrêter sur la pente dangereuse où elle s'était placée; il lui suffira aujourd'hui d'apporter non moins de circonspection à suivre la route que l'Angleterre a voulu lui tracer, qu'elle y avait d'abord mis de confiance et de bonne foi; elle doit maintenant tout étudier par elle-même, tout apprécier du point de vue de ses propres convictions; ne se décider à l'avenir que pour ce qu'elle aura reconnu juste et utile, en même temps qu'elle cherchera à réparer habilement les fautes que trop de confiance et une trop grande insouciance de ses intérêts ont pu lui faire commettre. C'est ainsi qu'une grande nation répare ses erreurs et peut quelquefois même en faire sortir des causes de prospérité, et non par des plaintes et des récriminations honteuses et ridicules, contre la puissance avec laquelle elle a traité, car il est du devoir des peuples comme de celui des particuliers de savoir faire leurs propres affaires et de ne pas s'en reposer pour cela sur leurs voisins.

Si l'on veut étudier avec quelque soin la conduite de l'Angleterre dans cette importante question de l'esclavage des noirs, qui a donné naissance aux traités sur le droit de visite, on ne peut assez s'étonner de l'esprit de prosélytisme que montre aujourd'hui cette nation en faveur de la race africaine, lorsqu'on le compare avec tous ses antécédents dans les temps les plus reculés. Surtout avec ses actes les plus patents pendant le siècle dernier, où on la vit aller jusqu'à recourir à la force des armes pour s'assurer le monopole d'un commerce que d'autres intérêts lui font proscrire aujourd'hui et qu'elle assimile au crime de piraterie.

Dès le règne de la reine Élisabeth, il se forma en Angleterre, pour l'exploitation de la traite des noirs, une compagnie de commerce dans laquelle cette princesse prit personnellement un intérêt. Sous ses successeurs Charles 1er, Charles II et Jacques II, divers actes publics encouragèrent et développèrent ce trafic, mais plus particulièrement sous Guillaume III, qui, aidé de son premier ministre lord Sommers, fit déclarer par le Parlement la traite des noirs utile et profitable à la nation.

Par le traité d'Assiento, conclu en 1713, la Grande-

Bretagne prenait l'engagement de fournir aux colonies espagnoles 144,000 esclaves à raison de 4,800 fr. par an. Enfin, jusqu'à la fin du siècle dernier, l'histoire peut fournir des preuves nombreuses des efforts de ce gouvernement pour encourager le commerce des esclaves; et à ce point, que ses colonies même se trouvèrent dans la nécessité de chercher à réprimer cette ardeur de lucre qui dirigeait l'esprit de la nation vers ce trafic (1).

Nous voyons, en effet, en 1760, la Caroline du Sud rendre un décret pour prohiber l'importation des Africains. Mais....

La Grande-Bretagne le rejette avec indignation, *déclarant que le commerce des esclaves est trop avantageux à la mère-patrie pour souffrir qu'il y soit apporté des entraves,* et le gouverneur qui avait accueilli ce décret fut vertement reprimandé.

En 1765, une autre colonie tomba dans la même faute, et un projet de loi, ayant pour but de limiter l'importation des esclaves, obtint deux lectures dans l'Assemblée de la Jamaïque.

La Grande-Bretagne en arrêta de suite l'effet, et sur les ordres reçus du ministère, le gouverneur de cette île déclara à l'assemblée qu'il ne lui était pas permis de mettre cette loi à exécution.

(1) Un article publié dans le *New Monthly Magazine,* constate que de 1764 à 1774 la seule ville de Liverpool transporta 300,000 nègres de traite en Amérique.

En 1774, nouveau décret de l'Assemblée de la Jamaïque pour réprimer la traite.

Nouvelle résistance de la Grande-Bretagne, et l'on vit le parlement accueillir favorablement les pétitions des villes de Bristol et Liverpool contre les prétentions de l'Assemblée de la Jamaïque.

Les colons ne se tinrent pas pour battus, et par l'organe de l'argent de la Jamaïque, ils firent entendre leurs réclamations contre cette décision, en faisant valoir les droits de la justice et de l'humanité.

La Grande-Bretagne, par l'organe de lord Dartmouth, alors président du comité de commerce, répondit par la déclaration suivante : « *Nous ne pouvons* « *permettre aux colonies de restreindre et de décourager* « *en aucune façon un trafic si avantageux à la nation.* » Ceci se passait en 1774 !

Certes, il est bien loin de notre pensée de vouloir blâmer la suppression de la traite, ce moyen de coloniser a fait son temps, et il faut que les nations qui comprennent l'utilité de fonder des établissements éloignés, s'adressent à d'autres combinaisons pour les peupler et en tirer profit. Si nous avons cité ces faits, c'est pour tenir la France en garde contre cette réaction humanitaire qui s'est emparée de l'esprit de nos voisins, et qu'ils cherchent, par toutes sortes de moyens, à faire déborder sur notre pays. Nous ne la croyons pas franche, parce qu'elle n'est pas naturelle. Nous nous en méfions d'autant plus que nous voyons le gouvernement de la Grande-Bretagne borner ses sympathies et sa protection aux nègres de la côte occidentale de l'Afrique, lorsqu'il ferme les yeux sur les misères d'un esclavage bien plus odieux dans ses possessions de l'Inde, qu'il ne l'a jamais été dans les colonies d'Amérique.

Qu'elle peut donc être la cause, nous le demandons, de cette étrange anomalie? Quel motif a pu produire cette grande réaction en faveur de la race noire chez un peuple qui s'était montré si ardent à la persécuter? Serait-ce donc le seul sentiment religieux? Mais la religion de la Grande-Bretagne n'a pas changé depuis des siècles, elle est encore aujourd'hui ce qu'elle était en 1774; et comment se fait-il que ce qui était alors encouragé soit devenu tout à coup immoral et contraire aux lois divines? Les préceptes de la religion et de la morale sont immuables et ne peuvent ainsi varier suivant les temps et les circonstances. Il faut donc chercher ailleurs que dans les seuls principes de l'humanité et de la religion, la transformation qui s'est opérée dans les opinions de l'Angleterre, et c'est une tâche que nous laissons aux personnes plus versées que nous dans ces matières et dont la haute intelligence est capable d'apprécier la politique des nations. Nous ne voulons, nous, que soulever un coin du voile, et nous nous bornerons à l'examen des résultats produits dans les possessions britanniques en Amérique, par l'acte du 25 août 1833, qui y a fait cesser l'esclavage.

Jusqu'à ces derniers temps, il faut le reconnaître, cette question de l'émancipation des noirs, a tellement été controversée, qu'il a été bien difficile de se former une opinion exacte à ce sujet; il y a eu, comme toujours en pareille circonstance, de l'exagération dans les deux partis; lorsque d'un côté, messieurs les abolitionistes, toujours raisonnant sur cette belle théorie appropriée à leurs idées, que le travail libre est plus productif que le travail forcé, nous présentaient la situation des colonies anglaises comme des plus prospère; de l'autre, les adversaires de l'émancipation nous faisaient voir les colons entièrement ruinés, et les nouveaux libres livrés à tous les excès de la paresse et du vagabondage.

Il y a eu, il faut le dire, de l'exagération dans ces deux opinions; et maintenant que des documents officiels nous permettent une plus juste appréciation des faits, et que nous ne sommes plus obligés de nous en rapporter entièrement aux dires de ces courtiers d'émancipation que l'Angleterre a su si habilement répandre sur notre sol, depuis quelques années, nous devons reconnaître que, sous le rapport philosophique et humanitaire, l'Angleterre a résolu un immense problême en affranchissant de l'esclavage un million d'âmes, sans secousse et sans perturbation. Mais aussi, il faut avouer que, sous le rapport économique, l'entreprise a complètement échoué, puisqu'elle a gravement compromis la fortune de ses colons, et à ce point que l'on peut dire que tous les avantages accordés à la classe émancipée lui ont été acquis au détriment des anciens planteurs.

Parmi tous les documents plus ou moins exacts que le gouvernement anglais a pu nous fournir pour l'étude de cette question, nous n'en connaissons pas de plus concluant que le discours prononcé par lord Stanley à la Chambre des communes, le 22 mars dernier. Nous y attachons d'autant plus d'importance que ce n'est point un de ces documents parlementaires que le gouvernement fait préparer, suivant les vues de sa politique, mais bien l'opinion d'un homme d'état à qui nous devons d'autant plus de créance qu'il a été l'auteur de la loi qui a prononcé l'émancipation, et qu'il est, par conséquent, engagé à en soutenir le mérite. Lors donc que nous le voyons venir confesser, sous certains rapports, les funestes résultats produits par cet acte, nous devons accepter avec toute confiance ces aveux, tout en nous tenant en garde cependant contre les annonces de succès, sous d'autre rapports, et en nous en réservant toujours l'examen.

Il faut bien se rappeler que les orateurs anglais s'adressent toujours à un double auditoire, l'un qui se compose des personnes faisant les affaires du pays; pour ceux-là, ils sont vrais et précis; l'autre se composant du public dont il faut flatter les passions, et de l'étranger qu'il faut aveugler; pour ceux-ci, ils ont un répertoire de déclamations philantropiques et religieuses qu'ils étalent à tout propos et au moyen desquelles ils cherchent à dissimuler leur véritable pensée et jusqu'à la puissance des faits.

Nos lecteurs ainsi prévenus, nous croyons utile de

leur mettre sous les yeux le discours de lord Stanley sur l'état des colonies, tel qu'il est rapporté dans les feuilles de Londres.

CHAMBRE DES COMMUNES

Séance du 22 mars 1842.

Travail dans les Indes Occidentales.

Lord Stanley se lève et demande :

1° Qu'il soit formé une commission d'enquête pour examiner l'état des relations qui se sont établies, depuis le bill d'émancipation, entre les propriétaires et les journaliers dans les colonies occidentales. Les gages qui y sont payés aux laboureurs, les dépenses de culture, et généralement tout le système de l'économie agricole ;

2° Qu'il soit formé également une commission d'enquête sur la situation des possessions britanniques de la côte occidentale d'Afrique, et particulièrement sur l'état des relations qu'elles entretiennent avec les peuplades indigènes qui les avoisinent.

Le noble lord ajoute, qu'il voudrait ne pas abuser des moments de la Chambre, mais que, cependant, sa position lui fait un devoir d'entrer dans quelques développements pour appuyer la motion qu'il vient de faire ; et, qu'en outre, ayant eu l'honneur d'être chargé de présenter et de soutenir, il y a neuf ans, le bill d'émancipation des esclaves, il croyait de son devoir d'en exposer, avec exactitude, les résultats, et de faire connaître les impressions qu'un examen attentif de la question, et une étude assidue des documents officiels avaient laissé dans son esprit.

Il est heureux, ajoute-t-il, de pouvoir dire qu'il considère les résultats de cette mesure comme offrant les plus grands sujets de satisfaction, et dépassant même les espérances de ses plus ardents avocats.

Dans chaque colonie, non seulement la prospérité du peuple s'est accrue au-delà de toute expression, sous le rapport physique, mais il s'est encore opéré un très grand progrès dans les habitudes sociales et dans les mœurs des affranchis, et à ce point qu'il ne croit pas avoir rien exagéré, lorsque dans une note officielle adressée aux puissances étrangères, il s'était exprimé en ces termes :

« Depuis la mesure de l'émancipation, la position
« du nègre s'est améliorée dans les différentes condi-
« tions de son existence, par le confortable mis à sa
« disposition.

« Les infractions aux lois sont devenues moins fré-
« quentes ; le mariage remplace peu à peu le concubi-
« nage ; il se montre désireux d'acquérir de l'instruc-
« tion, et surtout animé d'un profond sentiment
« religieux. »

A ces renseignements généraux qu'il considère comme tout à fait satisfaisants pour le peuple anglais, lord Stanley croit devoir ajouter quelques renseignements

particuliers qui lui sont adressés par les autorités coloniales. Ainsi, par exemple, en 1840, sir C. Metcalf,
dans un rapport sur l'état de la Jamaïque, comparant
la situation présente de cette colonie avec ce qu'elle
était six années précédemment, s'exprimait comme
suit :

« L'amélioration dans la condition des individus
« est frappante, et je ne suppose pas qu'aucune classe
« de cultivateurs en Europe soit en aussi bonne posi-
« tion; leur conduite est paisible, ils suivent exacte-
« ment les services divins, on les voit dans les églises
« vêtus de belles étoffes, et souvent même, les diman-
« ches, parcourir les promenades publiques sur d'élé-
« gants chevaux. Ils envoient leurs enfants à l'école
« et les communautés pourvoient aux dépenses des
« églises, et donnent même de gros traitements à
« leurs desservants. »

Dans un autre rapport, le même sir C. Metcalf ajou-
tait : « que certainement les nouveaux affranchis
« jouissaient actuellement d'une plus grande somme
« de liberté que certaines classes ouvrières des contrées
« européennes, et que nulle part on ne pourrait trou-
« ver une population ouvrière aussi abondamment
« pourvue de toutes les jouissances de la vie. »
Une note d'un magistrat stipendiaire de la Jamaïque,
datée de juin 1841, porte ces expressions :
« La force corporelle du nègre s'est accrue au-delà
« de toute croyance, et son intelligence suit ce progrès,

« à ce point, que ceux qui ne l'avaient vu que dans la
« condition de l'esclavage ne pourraient le reconnaître
« aujourd'hui. »

Le noble lord espère ne pas fatiguer la Chambre en
lui faisant part de ces faits, qui viennent justifier ses
généreux sacrifices et sa libéralité, qui n'aura jamais
d'égale. Partout, ajoute-t-il, cette grande question a
été résolue avec désintéressement et succès, mais cependant il est une colonie, celle de Demerary, sur laquelle il veut appeler plus particulièrement l'attention
de la Chambre.

Dans un état relatif aux gages que peut gagner un
bon laboureur dans cette colonie, il avait trouvé que le
chiffre en était très élevé, et s'en étant référé à l'opinion du gouverneur sir H. Light; il lui avait été ré-
pondu que, tel devait être le montant net des gages
d'un ouvrier soigneux, pour qu'il fut en état de couvrir
ses petites dépenses ordinaires évaluées comme suit :
27 livres de loyer, 15 livres pour la nourriture, 9 liv.
pour dépenses d'extra, le tout montant à 51 livres
(1,275 fr.) par an, et ceci indépendamment des frais
d'école et de chapelle.

Mais que la fertilité de cette colonie est si grande
qu'il y est facile à un homme laborieux de gagner
au-delà de cette somme.

Ici le noble lord s'écrie : « Est-ce donc là, nous le
« demandons, les effets que devait produire l'éman-

« cipation, suivant les prédictions sinistres de certaines
« personnes, qui ne voulaient voir dans cet acte qu'un
« encouragement donné à la paresse et à l'indolence,
« et par suite la ruine des cultures coloniales? »

Puis, continuant ses communications, il dit que sir
Light avait fait connaître que, dans plusieurs circonstances, les laboureurs noirs s'étaient formés en société
pour acheter des plantations entières; une entre autres
avait été payée 18,000 piastres (90,000 fr.), dont deux
tiers de la somme payés comptant, et le troisième tiers
en un billet à six semaines de terme; circonstance qui
prouve évidemment que les nouveaux affranchis étaient
parfaitement heureux, puisqu'ils avaient pu faire de
telles économies en si peu de temps.

Il cite plusieurs exemples de pareilles opérations et
particulièrement l'acquisition de la plantation l'*Amitié*,
faite pour la somme de 180,000 piastres (900,000 fr.),
par une société de 120 noirs, qui tous avaient pu payer
leur cote-part, sans se gêner; un des membres de la
société, qui entretenait un élégant cheval et un tilbury,
avait versé 2,000 piastres sans cependant réduire le
train de sa maison !

Il était donc bien prouvé, d'après tout ce qui avait
été dit, que le résultat de l'émancipation avait été d'assurer des gages élevés à l'ouvrier; qu'il était également
constaté que le nègre, bien loin de perdre son temps
dans l'oisiveté et la paresse et de dissiper ses salaires,
travaillait avec ardeur et faisait des épargnes pour améliorer sa position.

Le noble lord pourrait fournir un plus grand nombre d'exemples pour prouver tous les résultats satisfaisants de l'émancipation, s'il ne craignait pas de fatiguer la Chambre; il se bornera, pour cette fois, à donner communication d'un autre rapport de sir Light, dans lequel ce gouverneur annonce : « qu'ayant été « visiter Esséquibo, en 1840, il a trouvé cet établisse- « ment dans l'état le plus florissant; une amélioration « sensible s'y faisait remarquer dans les habitudes de la « population; les terres y étaient affermées aux anciens « esclaves, qui aujourd'hui les cultivaient pour leur « compte; les laboureurs y avaient de bonnes maisons, « mieux meublées et mieux entretenues que par le « passé; ils étaient assidus aux églises, où plusieurs « d'entre eux payaient de trois à cinq livres sterlings « par an pour leurs places (75 à 125 fr.). »

Tout ceci prouvait que partout la classe émancipée avait su apprécier le bienfait dont elle avait été l'objet, et que tous ses efforts tendaient à en témoigner sa gratitude.

Mais, continue lord Stanley, la preuve la plus convaincante que je puisse fournir ici, c'est de citer le chiffre des marchandises exportées dans les colonies occidentales depuis l'émancipation, comparativement avec ces mêmes exportations quelques années auparavant. Ainsi, dans les cinq années qui ont précédé l'acte de liberté, la moyenne du chiffre des exportations s'était élevée à la somme de 2,783,000 livres. Pendant la période de l'apprentissage, ce chiffre avait été de 3,735,000, mais depuis l'entière liberté, elles ont atteint le chiffre de 4,265,000. Depuis lors il y a eu certainement quel-que diminution, mais pas d'une importance suffisante pour affaiblir mon argumentation, puisque le chiffre des exportations de 1840, s'élève encore à 3,972,700 livres.

Cependant, continue l'orateur, je ne peux pas m'aveugler au point de ne pas reconnaître que ce chan-gement a produit des conséquences toutes différentes dans la position des planteurs, qui sont aujourd'hui en-tièrement ruinés, et ont vu périr tout le capital qu'ils possédaient.

Leur état de souffrance est tel qu'il peut en résulter les plus fâcheuses conséquences pour les intérêts de l'empire britannique, si le Parlement ne s'occupe d'é-carter les malheurs qui les menacent.

Je dois avouer que cette situation est due aux dé-penses exorbitantes auxquelles ils se sont vus condam-nés depuis l'émancipation, par la trop grande élévation du prix de la journée de travail. C'est là le motif qui m'a fait demander la nomination d'une commission d'enquête, qui devra porter ses investigations sur ce sujet, et aviser aux mesures qu'il sera nécessaire de pren-dre pour arrêter le mal qui résulte du manque de culti-vateurs dans les colonies occidentales.

Je dois reconnaître que les importations en sucres venues de nos colonies ont considérablement dimi-nuées depuis l'acte d'émancipation, car du chiffre de 3,905,000 quintaux qu'elles avaient atteint en 1831, elles se sont réduites, en 1836, à 3,400,000, et enfin, en 1840, elles n'étaient plus que de 2,010,000 quintaux, c'est-à-dire à peu près de moitié.

Je reconnais ce fait avec franchise et sans vouloir exagérer le mal, puisqu'il est vrai de dire qu'il s'est trouvé grandement atténué par l'augmentation du prix de vente de la marchandise. Le produit de la récolte de 1831 avait été de 6,000,000 de livres, et celui de la récolte de 1840 s'est encore élevé à 5,024,000 liv.

Mais il faut dire aussi que les planteurs sont exposés à voir le mal s'accroître encore par la difficulté qu'ils trouvent à se procurer des travailleurs, et le prix élevé qu'ils sont forcés de leur payer pour leurs journées. Cette question mérite toute la sollicitude de la Chambre, et j'appelle son attention sur les pétitions des colons de la Jamaïque et de la Trinité pour signaler cette fâcheuse situation; elles sont dignes de tout l'intérêt de la Chambre.

A Demerari, un comité, composé d'hommes graves et qui méritent toute confiance, a approfondi la même question; ils ont constaté un déficit alarmant dans la production, et tel, que sur soixante-deux établissements qui autrefois avaient produit 400,000 quintaux de sucre, cette production s'était réduite à 209,000 dans l'année expirant en 1841.

Le gouverneur Light, lui-même, dans une de ses dépêches, insiste vivement sur le mal qui résulte du manque de travailleurs. Il désigne une habitation dont les frais de culture se sont élevés à 157,000 piastres, et les produits réalisés à 149,000, donnant ainsi une perte sèche de 8,000 piastres. Il cite un district tout entier dont les frais de culture se sont élevés à 1,092,000 piastres, et dont le produit n'a pas dépassé 217,000 piastres, laissant ainsi une perte sèche de 874,000 piastres.

On ne saurait douter que ces désastres ne soient causés par les frais du travail libre, et la question est assez grave pour mériter toute l'attention du Parlement. Je me plais donc à croire qu'elle sera sérieusement examinée par ce tribunal, en présence de tous les partis et et de toutes les opinions.

Je sais que les planteurs sont fort désireux de trouver le remède au mal que je viens de signaler, et il ne saurait en exister d'autre que de leur fournir la possibilité de cultiver leurs habitations avec plus d'économie (si cela se peut faire). On pourrait aussi encourager une large immigration dans les colonies, afin de réduire le prix du salaire par la concurrence.

Le comité devra examiner s'il ne serait pas possible d'y créer quelque chose de semblable (*some what assimilated*) à la classe des tenanciers, pour la culture des plantations à sucre, lesquels en partageraient les produits avec le land lord. Je sais qu'il y a dans cette voie des difficultés, cependant je voudrais voir la question examinée par un comité de praticiens des Indes-Occidentales, habitués à la culture de ces contrées.

Quant à la question des immigrations, tous les faits tendent à prouver que les résultats ont été satisfaisants quant aux immigrants de race africaine, soit qu'ils fussent importés de la côte d'Afrique, des Etats-Unis ou des îles voisines. Mais il n'en a pas été de même pour la race européenne, et je suis obligé de déclarer que tous les immigrants de cette nature venus à Demerari, la Jamaïque et la Trinité, ont eu beaucoup à souffrir du climat. Aussi est-il bien prouvé aujourd'hui que c'est seulement de la côte d'Afrique que les colonies peuvent attendre utilement l'augmentation de leurs cultivateurs; mais je ne dois pas cacher à la Chambre et aux colonies que j'entrevois de bien grandes difficultés à organiser une grande émigration de l'Afrique.

D'abord, ce fait pourrait soulever les soupçons et exciter la jalousie des puissances étrangères, et bien que je sois convaincu que s'il était possible d'obtenir ces émigrations sans employer la contrainte elles ne fussent tout à l'avantage des émigrants, et que rien de plus favorable aux intérêts de l'humanité, de la religion et de la civilisation ne saurait être tenté, cependant je reconnais que le sujet est délicat et demande à être examiné avec beaucoup de réserve et de prudence.

Je désire donc que le comité porte son attention sur la situation de nos établissements de la côte d'Afrique et qu'il examine l'état de la classe qui cultive. La Chambre sait que nous possédons sur la *Côte d'Or* plusieurs petits établissements habités par des sujets anglais qui y vivent sous une forme de gouvernement qui n'est pas parfaitement définie; ils y entretiennent des relations d'intimité et de commerce avec les peuplades noires qu'ils avoisinent. Il serait important que nous examinions sérieusement l'état de ces relations.

Si , par exemple, ces petits établissements , qui occupent au plus l'espace d'un demi mille, devenaient les
points où s'organiseraient les émigrations d'Afrique aux
colonies occidentales, il pourrait se présenter ces deux
cas : ou ces tribus sont soumises à une espèce d'esclavage domestique, ou elles sont entièrement libres. Dans
le premier cas, il serait à craindre que l'émigration se
recrutât d'esclaves fugitifs qui auraient quitté leurs
maîtres, et nous commettrions alors un acte blâmable
à l'égard de ces peuples, dont les lois et les coutumes
doivent être respectées ; ou bien, sous le prétexte de la
pratiquer sur des hommes libres, nos colons pourraient
promptement organiser avec les chefs des tribus un
trafic par suite duquel, moyennant quelqu'argent , ils
forceraient leurs sujets à émigrer ; en d'autres termes
ils acheteraient les émigrants, ce qui pourrait faire peser
sur nous un fort soupçon de rétablir la traite sous un
autre nom.

Je ne prétends pas que ces obstacles soient insur-
montables, mais, du moins , ne peuvent-ils être ap-
planis qu'à la face du globe, car notre devoir est de
poursuivre la traite sous quelque pavillon qu'elle se
montre. Si, cependant, nous parvenons à les surmon-
ter et à organiser ces émigrations avec toutes les garan-
ties de protection en faveur des émigrants , et en ne
nous écartant pas des principes d'une entière liberté,
je ne crains pas de dire que cette mesure produira des
effets incalculables, non seulement pour les individus
qui auront émigré, mais encore en faveur des popula-

tions africaines que ce contact avec une société civilisée amènera rapidement aux principes de la civilisation et du christianisme.

Lord Stanley termine en remerciant la Chambre de l'attention qu'elle a bien voulu lui prêter.

Nous avons cru devoir reproduire ce curieux document, sans craindre d'ennuyer nos lecteurs, parce qu'il résume à lui seul toute la question de l'émancipation, et que, sorti de la bouche d'un homme d'état sur qui pèse la responsabilité de cet acte, il acquiert un tel degré de gravité, qu'il n'est plus permis à personne au monde de révoquer en doute les aveux qu'il contient.

Ce serait en vain qu'on voudrait chercher à les atténuer au moyen de ces raisonnements spécieux qui se trouvent toujours dans la bouche de certains hommes, lorsqu'ils sont placés entre l'évidence de leur erreur et leur insupportable orgueil, qui ne leur permet pas de la reconnaître, aujourd'hui ces aveux sont acquis au procès, et rien ne pourra les faire disparaître.

Pour nous, nous acceptons sans conteste tout ce que le noble lord a mis en avant pour prouver jusqu'à quel point la condition des noirs s'était améliorée depuis leur émancipation, nous dirons même mieux, c'est que nous nous attendions à ces résultats et qu'ils ne nous ont pas surpr'

Tous ceux qui ont pu étudier la nature du nègre savent qu'il est d'un caractère doux et soumis, ardent au plaisir, fort impressionable aux idées religieuses, et tel, enfin, que l'a dépeint un homme célèbre, M. Canning, en disant *qu'il porte une intelligence d'enfant dans un corps d'homme fait.* Son défaut capital est l'indolence et la paresse, c'est aussi celui que l'on a le plus de peine à vaincre, contre lequel il faut lutter continuellement, et qui avait nécessité d'assujétir les nègres transportés en Amérique à un travail forcé.

L'acte d'abolition a donné entière satisfaction à ces dispositions, d'une part en les affranchissant de ce travail forcé, la chose la plus antipathique à leur caractère, et de l'autre en les livrant aux mains des prêtres méthodistes, qui se sont emparés de leurs esprits et les ont façonnés à leurs idées.

Aussi, toute la première partie du discours de lord Stanley, que nous avons encore abrégé afin d'éviter les répétitions, ne roule-t-elle que sur ces faits, *ils construisent des chapelles, ils sont assidus aux exercices divins, ils donnent de gros traitements à leurs ministres ;* voilà ce qui est constaté, et nous voyons là un progrès fort satisfaisant ; aussi avons-nous déjà reconnu que sous le rapport philantropique et religieux, le succès de l'entreprise nous paraissait prouvé.

Mais là s'arrêtent les motifs que l'on peut avoir de se féliciter des résultats obtenus, et il nous semble aussi prouvé, jusqu'à la dernière évidence, que, sous le rapport économique, l'épreuve a complètement échoué. C'est en vain que lord Stanley cherche à dissimuler le pénible aveu auquel il se prépare, en faisant une attrayante peinture du *confortable* de l'existence des nouveaux libres ; *celui-ci est vêtu de fines étoffes, cet autre se promène le dimanche sur un élégant cheval, tels autres formés en société achètent une habitation de 900,000 fr., celui-là peut payer 10,000 fr. sur ses économies et continuer à entretenir un cheval et un tilbury ! !*

Nous demandons, en vérité, s'il ne faut pas être frappé d'un aveuglement bien profond pour venir se congratuler d'avoir créé une pareille situation, en présence d'une population ouvrière croupissant, comme en Angleterre, dans la misère la plus affreuse, et obligée, faute d'ouvrage, de mendier le pain nécessaire à sa subsistance !

Opposons donc à ce tableau, si heureusement tracé par lord Stanley, le rapport du commissaire de la loi des pauvres, sur l'état des pauvres en Irlande.

Un témoin dépose : « Je passe pour un bon travail-
« leur, et je suis rarement inoccupé ; au commence-
« ment de cet été, cependant, je fus sans travail ; je
« n'avais pas de provisions, je vendis tout ce que j'avais
« chez moi, plutôt que d'abandonner ma femme. Je
« vendis jusqu'au pot qui me servait à faire cuire mes
« pommes de terre ; enfin, je quittai la maison avec
« ma femme et six enfants, nous allâmes dans les
« lieux où nous n'étions pas connus, et nous men-
« diâmes ! »

« Un second déclare, que lui, sa femme et ses en-
« fants s'étaient vus obligés de coucher en plein air
« avec une seule couverture pour s'abriter tous.

Un autre dit : « Ma femme, maintenant, tend la
« main et tâche de receuillir quelque chose pour moi
« et mes six enfants, et lorsque le soir elle apporte
« quelques pommes de terre, je ne puis seulement
« acheter un hareng d'un sou pour manger avec. Je
« n'ai de vêtements que ceux que je porte sur moi ;
« grelottant et affamé comme vous me voyez mainte-
« nant, quand je puis gagner dix sous par jour, je
« m'expose volontiers à la pluie et au vent dont chaque
« bouffée me pénètre jusqu'au cœur. »

Un autre dit : « Pendant le dernier été je n'avais pas
« assez de pommes de terre pour ma famille, nous vi-
« vions d'herbes cuites et de coquillages du rivage. »

« Un autre déclare qu'il devait 5 shillings 6 pence
« de loyer (6 fr. 85 c.), il laissa sa femme et ses enfants à
« un ami ; il marcha l'espace de quarante milles ; tra-
« vailla cinq semaines, au bout desquelles il revint
« juste avec 5 shillings 6 pence. Il trouva que la
« veille ses pommes de terre avaient été vendues à
« l'encan. »

Voilà cependant ce que constate la dernière enquête
faite sur l'état de l'Irlande !

Comparons maintenant la situation de ces pauvres
pères de famille avec celle du nègre de Demerary qui,
suivant sir Light, *doit au moins pouvoir gagner 51 livres
sterlings par an, afin de se procurer le confortable de l'existence,* et demandons, s'il ne faut pas avoir perdu l'esprit,
ou se moquer atrocement de l'aveuglement des philantropes pour oser venir se féliciter, à la face du globe,
d'une mesure qui peut produire un pareil constraste !

Cependant, cette pénible réflexion n'affecte aucunement l'âme philantropique du noble lord, et dans son contentement, il s'écrie : « Est-ce donc là ces résultats « prévus par les adversaires de l'émancipation? » Examinons donc quels sont les résultats économiques obtenus, et voyons s'ils ont été également satisfaisants pour tous. C'est lord Stanley, lui-même, qui nous fournit les documents pour faire cet examen.

En 1831, les colonies avaient produit 3,905,000 quintaux de sucre, le quintal anglais pesant 56 kilos de France, c'est donc 217,000,000 kilos.

En 1840, sous le régime de la liberté, la production a été de 2,010,000 quintaux ou 112,000,000 kilos; réduction 105,000,000 kilos. C'est-à-dire que la production s'est réduite de moitié. Nous ne voyons pas jusqu'ici qu'il y ait lieu d'admirer l'ardeur des nouveaux affranchis pour le travail, et ce n'est pas là ce que les abolitionistes avaient promis.

Cependant, n'allons pas croire que devant toute la puissance de ce fait, ces messieurs, imitant notre franchise, reconnaissent à leur tour que l'œuvre économique a complètement échoué; non! ils s'en garderont bien, et ils ont plus d'une bonne raison à leur service! Ne pouvant nier les chiffres si publiquement avoués par le ministre anglais, ils s'en prennent aux saisons. « Ce « résultat, disent-ils, vient de ce que, dans les quatre « dernières années de l'esclavage, la culture a été très « favorisée par les saisons, qui se sont montrées tout- « à-fait contraires depuis les quatre années de liberté. »

En vérité, pour des gens qui affectent tant de confiance dans la providence, c'est presque reconnaître que Dieu leur a retiré son appui dans l'œuvre qu'ils poursuivent !

Aussi, lord Stanley se garda-t-il d'un pareil argument ; mais il en a un autre tout prêt : cette diminution dans les produits a été compensée pour les colons par l'augmentation du prix de la marchandise. Voyons ce que ce raisonnement a de sérieux.

En 1831, la vente des récoltes des colonies avait réalisé six millions de livres sterlings , soit en francs   150,000,000

En 1840, cette vente a produit 5,240,000 liv. sterl., soit en francs. .   125,500,000

Différence, en francs. .   24,500,000

Nous ferons d'abord remarquer que cette perte de 24,500,000 fr. serait déjà assez importante, si le mal produit par la mesure que nous examinons s'arrêtait à ce chiffre ; mais ce n'en est qu'une faible partie, et c'est la totalité de leur revenu que les colons ont perdue ; c'est leur fortune entière qu'ils ont vu s'évanouir, car il s'agit, en effet, de savoir à quel prix ils sont parvenus à produire ces 2,010,000 quintaux de sucre, et s'il est prouvé que le prix des salaires payés aux laboureurs a dépassé la valeur réalisée, les colons anglais ont donc vu passer tous leurs revenus entre les mains de leurs anciens esclaves. C'est ce que lord Stanley n'a pas cru devoir examiner, et ce que nous allons tâcher de mettre en évidence.

Recherchons d'abord quel a pu être le prix moyen de la journée d'un laboureur ; il y-a eu bien des variations à cet égard, mais prenons la déclaration de sir Light. *Le noir doit gagner au moins 51 livres par an.* Déduction faite des dimanches et jours fériés, l'année compte 280 jours ouvrables ; c'est donc à 4 fr. 50 cent. que revient la journée ; prenons en moyenne 3 francs, à cause des femmes, dont le salaire est toujours moins élevé. Voyons maintenant combien il faut de journées de travailleurs pour produire deux millions dix mille quintaux de sucre.

Dans un ouvrage publié par M. de Montverran en 1833, le savant statisticien évalue la moyenne du produit du travail d'un noir dans les Antilles anglaises, à 637 kilos de sucre par an. Avec ces deux éléments, nous arrivons à un résultat sûr, et nous trouvons que, sur ce pied, il a fallu, pour la production des îles anglaises en 1840 (1), 49,230,720 journées de travailleur, lesquelles, à raison de 3 francs l'une, ont coûté au planteur des colonies, francs. . . 147,692,160
Le produit réalisé étant 125,500,000

———

Perte sèche pour le planteur, francs.   22,192,160

(1) M. de Chazelles, dans un rapport fait au conseil colonial de la Guadeloupe, évalue la moyenne du produit d'un noir employé dans une sucrerie à 1000 kil. par an. Cette différence n'a rien qui puisse étonner, car on sait que les îles françaises en Amérique ont toujours produit dans une proportion plus considérable que les possessions anglaises. M. de Montverran, dans l'ouvrage que nous avons cité évalue

Et qu'on ne vienne pas dire que nous cherchons à abuser nos lecteurs par des calculs effrayants, qui ne reposent sur aucune donnée exacte ! Les éléments sur lesquels nous nous sommes basés sont officiels; c'est l'auteur du bill d'émancipation lui-même qui les publie, et nous croyons avoir fait à nos adversaires la part bien large, en acceptant comme produit du travail libre, le chiffre obtenu du travail forcé, indiqué par un savant dont tout le monde reconnaît l'exactitude dans les ouvrages qu'il livre au public.

D'ailleurs, n'avons-nous donc pas la preuve de ce fait entre les mains, dans le rapport de sir Ligth, où il cite le cas de cette plantation, qui a dépensé 157,000 piastres en frais de culture, et réalisé un produit de 149,000, laissant ainsi une perte sèche de 8,000 piastres ! Et cet autre cas de 62 plantations, dont les frais de culture se sont élevés dans l'année à 1,091,000 piastres et les produits à 217,000, laissant également une perte de 874,000 piastres (4,370,000 fr.)?

C'est ainsi que s'explique l'augmentation qui s'est manifestée dans les exportations du commerce de la Grande-Bretagne avec ses colonies occidentales, augmentation citée par lord Stanley, dans la première partie de son discours, pour prouver l'amélioration qui s'est opérée dans la condition des noirs.

cette production à la Guadeloupe à 783 kil.; d'ailleurs cette différence peut bien atténuer notre raisonnement, mais n'en détruit nullement la portée.

On comprendra facilement que, dès la première année de l'apprentissage, les planteurs se soient vus obligés à supporter des frais plus considérables pour l'exploitation de leurs habitations. Le bill d'émancipation accordait déjà aux noirs, pendant cette période, la faculté de disposer d'une journée de leur temps chaque semaine (1), et les anciens maîtres ont dû nécessairement commencer dès-lors à leur donner un salaire pour le travail de cette journée.

On sait même que les prétentions des noirs furent excessives, et ceci est dans la nature humaine; moins on a joui d'un bien, et plus on y attache de prix. Les noirs émancipés, qui, pour la première fois, traitaient avec leurs maîtres du prix de leur travail, y mirent une valeur exagérée; il leur sembla qu'on ne pouvait trop leur payer ce qui répugnait tant à leurs goûts et à leur nature, et ils crurent être très raisonnables en fixant à deux piastres le salaire de cette journée.

Il y eut à ce sujet de très grands débats entre les colons et leurs ouvriers, débats que les agents abolitionistes ne manquèrent pas de représenter tout à fait au désavantage des planteurs, qui, selon leurs rapports, *voulaient pressurer les pauvres noirs et les traiter encore en esclaves;* mais cependant la journée demeura généralement fixée au prix exorbitant d'une piastre, condition

______

(1) Le bill d'émancipation n'assujétissait les apprentis qu'à 45 heures de travail par semaine au profit de leurs maîtres, c'était leur laisser la disposition de 15 heures par semaine, non compris le dimanche.

que les planteurs préférèrent subir, plutôt que de voir leurs ouvriers vagabonder pendant une journée entière, et prendre déjà des habitudes contraires au bon ordre et à la bonne administration de leurs habitations. Tout le monde sait, en effet, et il ne faut pas se transporter dans les colonies pour cela, qu'il doit régner dans les grandes réunions d'ouvriers des habitudes d'exactitude et de régularité dans le travail, qu'il faut savoir maintenir avec quelque rigueur, sous peine de voir bientôt le désordre s'introduire dans la manufacture.

Les colons durent se soumettre à cette loi générale et en passer par les exigences de leurs ouvriers. Or, dès cette première période, le chiffre annuel du salaire payé aux cultivateurs ne dut pas s'élever à moins de 40,000,000 de francs, et comme le premier mouvement du noir émancipé et gagnant un fort salaire par son travail dut être de satisfaire promptement tous les désirs qu'il avait pu nourrir dans une autre condition, ce salaire fut aussitôt dépensé que reçu. C'était une nouvelle classe de consommateurs qui venait de naître.

Aussi voit-on, dès la première année de l'apprentissage, les importations dans les colonies s'élever du chiffre de 2,783,000 livres à celui de 3,735,000, et atteindre, à l'époque de la liberté entière, le chiffre de 4,265,000 livres établissant, ainsi une différence de 1,482,000 (36,500,000 fr.) entre la consommation du régime de l'esclavage et de celui de la liberté.

Mais il faut savoir comment et par qui cette augmentation de dépenses a pu se solder : car ce n'est pas le tout d'avoir su augmenter la consommation, il faut encore que la production suive ce progrès; malheureusement, et nous le savons déjà, il n'en fut pas ainsi, et nous avons constaté que les retours en Angleterre s'étaient presque réduits de moitié dans les quantités.

Comment donc se sera couverte cette différence? D'abord, par l'indemnité de 500,000,000, payée aux planteurs, dont une bonne part a passé entre les mains des noirs, ensuite par l'augmentation du prix des sucres sur le marché de l'Angleterre, où on a vu le quintal anglais (112 livres) s'élever à 88 fr., lorsqu'au même moment le même poids se vendait sur nos places de commerce 57 et 58 francs!

C'est ainsi que, pour donner satisfaction à un principe philosophique, et sous les prétextes de morale et d'humanité, on n'a pas reculé devant la nécessité d'imposer annuellement à l'État une nouvelle charge de 25,000,000; de soumettre toute la population laborieuse de l'Angleterre à un surcroît de dépenses considérables pour se procurer une denrée nécessaire à son alimentation; et enfin on ne s'est pas arrêté devant l'éventualité de ruiner complétement les colons, éventualité qui n'en est plus une aujourd'hui, car le triste résultat de l'aveuglement des abolitionistes ne peut plus être dissimulé, et c'est lord Stanley lui-même qui est obligé d'en faire l'aveu public, en venant dire au parlement *« qu'il ne peut s'aveugler au point de ne « pas reconnaître que les planteurs ont entièrement*

« *perdu leur capital, et que leurs souffrances sont telles*
« *qu'il peut en résulter des conséquences ruineuses pour*
« *le commerce de l'empire britannique, si le Parle-*
« *ment ne cherche les moyens de changer cette situa-*
« *tion!* »

Maintenant, nous le demandons, ne sommes-nous donc pas en droit de nous écrier à notre tour : « Est-« ce donc là les résultats prédits par les abolitionistes, « qui avaient garanti que le travail libre serait plus « productif que le travail forcé ? »

Voilà cependant à quoi ont pu conduire les principes absolus d'une philosophie toute de théorie, et qui n'a jamais voulu tenir aucun compte ni de l'expérience des hommes, ni de la puissance des faits accomplis. En voulant tout régler de la hauteur de leurs principes, en repoussant dédaigneusement tout ce qui n'était pas entièrement dans l'ordre de leurs idées, les philantropes de l'Angleterre en sont arrivés à cette monstruosité morale de dépouiller entièrement, de ruiner et de réduire à la misère leurs parents, leurs frères, leurs concitoyens, au profit d'une race d'étrangers, à laquelle ils n'étaient attachés par aucun de ces liens que la société et la civilisation ont formés entre les hommes, et qui, par conséquent, n'avaient que des droits indirects à leur sollicitude !

Après avoir aussi franchement signalé la malheureuse position faite aux anciens colons par l'acte d'émancipation, lord Stanley entre dans l'examen des moyens que l'on pourrait adopter pour y porter remède, et ceci forme la troisième partie de son discours, qui n'est pas la moins intéressante. Il désire que l'on fasse examiner *par des personnes connaissant la culture des colonies, s'il ne serait pas possible d'y introduire un système à peu près semblable* (Some what assimilated) *à ce qui existe en Angleterre, et par suite duquel on placerait les laboureurs dans une condition à peu près pareille à celle des tenanciers.*

Cette proposition du ministre anglais nous paraît d'une extrême importance, et mériter d'être soigneusement méditée par tous les hommes qui veulent étudier cette question avec un esprit libre de toute prévention, car c'est déjà une réaction dans la voie dans laquelle était entrée l'Angleterre.

Et, en effet, il ne s'agit pas moins que de commencer à poser certaines limites à cette liberté désordonnée que, contrairement aux avis de tous les hommes sages et modérés, le bill de 1833 est venu conférer aux esclaves. On voit, par les termes un peu obscurs de l'orateur, qu'il n'ose pas exprimer clairement sa pensée, quand il parle d'un système *à peu près semblable à celui des tenanciers ;* mais on conçoit, tout d'abord, que c'est déjà une restriction : c'est un premier pas dans une voie rétrograde. Lord Stanley comprend enfin que, suivant les expressions de M. Canning, *le nègre renferme une intelligence d'enfant dans un corps d'homme fait,* et que la loi aurait dû le traiter en raison de son intelligence.

Mais à qui livre-t-il l'examen du système que l'on

pourrait appliquer? à *des personnes connaissant la culture des colonies, autrement dit à des colons!* autre réaction non moins importante que la première ! Ainsi, l'on reconnaît donc que ces colons, tant injuriés, tant calomniés, ont pu avoir raison dans les avis qu'ils ont donnés ; on avoue qu'ils étaient dans le vrai, quand ils opposaient ces sages paroles à toutes les persécutions qu'on leur faisait subir : *L'émancipation de nos esclaves doit nous ruiner entièrement ; nous n'y pouvons pas donner la main ; contentez-vous d'améliorer leur condition, et vous pouvez être assurés de notre concours !* Et cependant ces humbles doléances, ces timides objections, étaient représentées par leurs adversaires comme une résistance aveugle qu'on devait s'empresser de briser ! Telle est la morale des partis !

Au surplus, ce n'est pas le premier exemple d'une pareille réaction dans cette question, et la France, mieux qu'aucune autre nation, pourrait à cet égard profiter des leçons de l'expérience. Le décret du 4 février 1794 déclarait l'esclavage aboli dans les colonies et accordait à tous les hommes, sans distinction de couleur, la qualité de citoyens français et la jouissance de tous les droits assurés par la constitution.

Publié à Cayenne et à la Guadeloupe, cet acte produisit dans ces colonies le même effet économique que le bill d'émancipation dans les îles anglaises, c'est-à-dire que la culture y fut entièrement abandonnée, et les propriétaires ruinés.

Après différentes tentatives, faites sans succès, pour

engager les nouveaux libres à reprendre la culture à titre de salariés, on se vit obligé de les y contraindre en exigeant d'eux la résidence sur les anciennes propriétés auxquelles ils avaient appartenu, et en leur imposant l'obligation de travailler journellement dans les champs. C'était en quelque sorte avoir rétabli le travail forcé, et c'est aussi, n'en doutons pas, le fond de la pensée de lord Stanley quand il parle de créer un système à peu près pareil à celui des tenanciers (1).

Mais cependant, ce n'est pas à ce seul moyen qu'il s'arrête, et il aborde franchement la proposition d'organiser un grand système d'émigration de la côte occidentale d'Afrique dans les colonies d'Amérique ; il examine la question sous ses différentes faces. Jusqu'à présent, dit-il, *les essais qui ont été faits de ce système ont donné des résultats très satisfaisants et les Africains libérés particulièrement ont parfaitement réussi.*

Ainsi l'Angleterre est la première à se relâcher de cette sévérité avec laquelle elle avait proscrit le transport des Africains en Amérique, et ce n'est pas seulement d'aujourd'hui que nous le savons, car déjà nous avons eu connaissance d'une proclamation de sir H. Light gouverneur de Demerari, datée du 16 fevrier 1841, qui porte que :

« D'après les termes de la dépêche, sous le n° 15,
« qui lui a été adressée par le bureau des colonies, il

(1) Voir la brochure de M. Aubert-Armand, ayant pour titre : **Résultats de la liberté des noirs à Cayenne**, de 1794 à 1803.

« est autorisé à déclarer, qu'une prime sera accordée
« pour tous les émigrants qui seront amenés à Deme-
« rari des pays suivants (1) :

De *Siera-Leone*   30 piastres.
» États-Unis   30   »
» Havane   30   »
» Brésil   25   »

Il est donc bien établi par ce document, que l'Angleterre ne se faisait point scrupule d'autoriser le transport des nègres de la côte dans ses colonies, au moment où ses croiseurs arrêtaient le navire la *Sénégambie* expédié par notre gouvernement pour transporter du Sénégal une compagnie de noirs recrutés pour le service militaire de nos possessions.

Nous n'ignorons pas l'objection que l'on a faite et la distinction que l'on a voulu établir. « Les soldats noirs
« que devait prendre la *Sénégambie*, a-t-on dit, étaient
« des captifs rachetés de l'esclavage et affranchis pour
« être incorporés dans les troupes françaises, tandis
« que les émigrants que le gouverneur de Demerari
« allait chercher à Siera-Leone étaient des nègres libé-

---

(1) Un réglement joint à cette proclamation porte qu'il ne pourra être reçu à bord d'aucun navire plus de trois émigrants par tonneaux.

Que la hauteur de l'entre-pont devra être au moins de 5 pieds et demi (anglais).

Que si le navire n'a qu'un pont, on devra établir sur la cale un faux pont avec des planches.

Ce sont les mêmes règlements qui existaient pour la traite, et que M. de Tocqueville a cités dans son discours du 21 mai à la Chambre des députés.

« rés ! (*Liberated Africans*). Admirable subtilité, qu'il est sans doute permis à lAngleterre de faire valoir, mais qu'elle ne peut espérer nous faire prendre au sérieux ! car enfin, nous le demandons, qu'elle est l'origine de ces *liberated Africans?* Des esclaves arrêtés par les croiseurs anglais sur les navires faisant la traite, et débarqués à Siera-Leone ; or, n'avaient-ils donc pas été achetés par les traitants, et leur origine se trouvait-elle changée parce qu'ils avaient passé momentanément entre les mains de ceux qui les avaient capturés ?

C'est cependant avec de pareilles subtilités que des bâtiments anglais ont pu charger en toute sécurité sur la côte africaine dix à douze mille noirs, à raison de trois par tonneaux, tandis que les navires français étaient poursuivis pour quelques bouts de planches qu'ils portaient, ou pour quelques pintes d'eau qui formaient leur approvisionnement !

Ce n'est pas que nous blâmions l'Angleterre de favoriser ces émigrations d'Africains dans ses colonies, bien loin de là, et nous nous empressons de dire que nous trouvons, avec lord Stanley, une grande pensée de morale et d'humanité dans ce fait, que nous considérons comme le seul moyen d'amener la race africaine à la civilisation et au christianisme. Mais ce qui nous étonne et blesse notre fierté nationale, c'est de voir l'interprétation de tout ce qui tient à ces questions livrée à l'arbitraire du gouvernement anglais, c'est lui, et lui seul qui décide du bien ou du mal ; c'est lui seul qui explique ce qui est contraire à l'esprit des traités et ce qui ne l'est pas !

Ainsi dans l'affaire de la *Sénégambie*, il prétend que la France était en contravention avec les traités qui ont prohibé la traite des noirs, ou autrement le commerce des esclaves, parce qu'elle avait fait acheter des esclaves. Mais là est l'erreur; pour qu'il y ait commerce, il faut nécessairement qu'il y ait achat et revente; ici au contraire, l'esclave acheté est aussitôt rendu à la liberté et élevé à la condition de soldat du roi ; or, bien loin de voir dans cet acte un cas de traite, nous croyons que c'est une action louable et conforme à ce que prescrivent les lois de l'humanité.

A ceci on nous oppose cette objection : « La traite a « été proscrite, moins encore pour éviter aux noirs « les misères de l'esclavage dans nos colonies, mais « plutôt parce que c'est ce commerce qui suscite les « guerres cruelles que se font entre eux les petits rois « nègres, dans le seul but de se procurer des esclaves, « afin de les revendre aux traitants européens. »

En vérité, nous le confessons, cette objection renverse toutes les idées que nous avions accueillies et caressées jusqu'à ce jour ! Comment dirons nous ! quand les saints religieux, si connus et si révérés dans l'antiquité sous le nom de l'ordre des Trinitaires ou des Mathurins, du nom de Saint-Jean de Matha leur fondateur (1), employaient leurs peines et leur argent à aller

(1) Cet ordre fut fondé le 17 décembre 1195, et fit de tels progrès

racheter de l'esclavage les prisonniers chrétiens ; ils encourageaient les Sarrazins à guerroyer pour se procurer des prisonniers ?

Quand, plus tard , les saints religieux de l'ordre de la Mercy (1) parcouraient les états barbaresques de Maroc, Alger, Tunis pour y racheter les captifs, ils commettaient donc un crime qui méritait d'être assimilé à la piraterie ? En vérité nous avouons que jusqu'à ce jour nous en avions conçu une idée toute différente, que la nouvelle école humanitaire renverse complètement !... Mais il est vrai de dire aussi que ces saints religieux appartenaient à la communion catholique et que l'on ne voit pas de pareilles institutions chez les méthodistes et les philantropes modernes !

Quant à l'objection en elle-même, nous pourrions nous y arrêter, si l'habitude de faire des esclaves ne datait en Afrique que de l'an 1503, où l'on fut y chercher les premiers noirs pour les transporter en Amérique, mais personne n'ignore que l'esclavage a existé dans tous les temps dans cette contrée ; que c'est la base de l'état social depuis la côte de la Barbarie jusqu'à la pointe du cap de Bonne-Espérance ; qu'à toutes les époques, cette partie du globe a joui de ce triste privilége de fournir des esclaves à tous les pays de la terre,

que vers le milieu du xive siècle on lui connaissait en Europe 600 maisons.

(1) Cet ordre creé en 1234 par Pierre Nolasque, gentilhomme languedocien, fut approuvé en 1335 par un bulle du pape Grégoire IX.

et dans ce moment-ci encore, pense-t-on que la surveillance qui se fait sur la côte occidentale, empêche que le commerce des esclaves continue son cours? En aucune façon; mais il a pris une autre route, et des publications récentes nous ont fait connaître que dans l'Afrique boréale, seulement, il se faisait annuellement un commerce d'esclaves qui ne pouvait pas être évalué à moins de 40 millions de francs. C'est-à-dire qu'il se transporterait, tous les ans, dans les états barbaresques et dans l'Égypte environ cent mille esclaves tirés du Darfour, du Haoussâ, du Loudayah et du pays de la Sénégambie. Du temps que la traite était autorisée, les Européens n'en enlevaient pas ce nombre du golfe du Benin (1).

Il résulterait donc de ces faits que l'intervention des Européens pour acheter des esclaves en Afrique n'aurait eu que peu d'influence sur les mœurs de ces peuples. Aussi sommes-nous de cette opinion, que si au lieu de tenir ces malheureux sous un esclavage qui ne pouvait finir que par la volonté du maître, on eût fait tomber leurs chaînes du moment qu'on les aurait rachetés; si en les transportant en Amérique pour y peupler les vastes déserts qui y existent, on se fût occupé

(1) L'Europe civilisée peut bien abolir l'esclavage; mais l'Africain sauvage et intéressé conservera longtemps encore l'habitude de vendre ses semblables; il est si doux de vivre sans rien faire, de se reposer sur les soins d'autrui pour sa subsistance, que chaque nègre fait son possible pour avoir des serviteurs; toute leur ambition se borne à avoir des esclaves qu'ils occupent à la culture. (Caillé, *Voyage à Tamboctou.*)

de leur moralisation et de les amener progressivement à la civilisation; nous disons qu'on eût fait une œuvre de morale et de saine philantropie.

Qu'on le remarque bien, c'est aussi la pensée de lord Stanley lorsqu'il traite la question de ces émigrations africaines, il ne se dissimule pas, cependant, les difficultés d'exécution. « *On pourra nous accuser dit-il de rétablir la traite sans un autre nom.* » Mais ceci ne l'arrête pas, il veut que la question soit examinée, et prévoyant même en quelque sorte une solution conforme à ses plans, il indique les petits comptoirs que l'Angleterre possède sur la *Côte-d'Or*, comme devant être les points d'où les émigrations partiraient.

Que la France fasse bien attention à cette désignation de la *Côte-d'Or*, elle est ici fort importante en ce qu'elle indique déjà des vues arrêtées. On sait en effet que c'est sur cette partie de la côte d'Afrique que l'on trouve la race la plus douce et la plus facile à façonner aux mœurs et aux habitudes européennes; aussi l'Angleterre commencerait-elle à y établir son influence, pendant que nous serions, nous, à examiner si les traités nous permettent ou nous interdisent d'admettre dans nos colonies des immigrants de cette espèce!

Il nous appartient donc d'intervenir dans l'examen de cette question et de ne pas la livrer, comme toujours, à l'interprétation arbitraire de notre alliée. Nous possédons dans la Guiane un territoire vaste et fertile auquel il ne manque que des bras pour être mis en valeur, comment pourrions-nous renoncer sans les plus graves motifs à ce moyen d'en augmenter la population, lorsqu'il réunit toutes les conditions de morale, d'humanité et de civilisation qui doivent toujours diriger les actes d'un grand état.

Jusqu'ici, nous devons le dire, toutes ces questions qui concernent la race africaine ont été envisagées sous l'empire des préjugés que l'on était parvenu à soulever contre les colonies et leurs habitans, et jamais il n'a été permis de les traiter avec le calme et la franchise qui doivent toujours diriger les esprits dans l'examen de tout ce qui peut intéresser la civilisation et l'humanité. Après avoir aidé de tout son pouvoir à entretenir ces préventions, c'est aujourd'hui l'Angleterre qui est la première à revenir sur ses propres décisions, en provoquant un nouvel examen de ce qu'elle avait cru devoir condamner; Nous ne chercherons pas quels sont maintenant les motifs qui peuvent la diriger, mais nous pensons que la France doit suivre son exemple; qu'il lui appartient aussi de remettre à l'étude des questions sur lesquelles elle s'est prononcée peut-être avec trop de promptitude ; pour les décider aujourd'hui qu'elle est mieux éclairée, suivant ses propres convictions, et en sachant allier les intérêts de l'humanité et de la civilisation avec ceux de son commerce et de sa puissance.

9 782013 424240